Wähle zu leben!

Carol Walczak

Übersetzt von Jessica Simanowski

© **Copyright Carol Anne Walczak 2007**

ISBN: 978-1-84799-905-4

Die Autorin kann kontaktiert werden über
www.carolwalczak.com.au.

Der Künstler, Anthony Butkovich, kann kontaktiert werden über www.abartist.com.

Die Übersetzerin, Jessica Simanowski, kann kontaktiert werden über
www.js- artist.com

Einleitung

Hi. Mein Name ist Daniel. Ich habe meine Mutter gebeten, dieses Buch in meinem Sinne zu schreiben. Ich habe mir am 17. Januar 2007 das Leben genommen und ein Teil von mir fragt sich noch immer, warum. Ein anderer Teil von mir versteht, und ich möchte gerne die Dinge, die ich weiß, mit meinen Freunden und jedem der interessiert ist, teilen.

Zu meinen Freunden möchte ich sagen – Lebt! Es gibt so vieles an dem man sich erfreuen kann. Genieße jeden Moment so sehr du kannst. Das ist der Grund, warum du hier bist. Verschwende nicht diese Möglichkeit. Und lebe für dich selbst!

Daniel Kemmis

26. Januar 2007

Inhalt

Einleitung

1.	Du bist mehr als du zu sein scheinst.	9
2.	Nur du kannst entschieden, was das Beste für dich ist (und das gleiche gilt für alle anderen).	10
3.	Es gibt nichts, was du nicht tun kannst, wenn du es wählst.	12
4.	Einige Dinge, die Verwirrung stiften.	14
5.	Zu wissen, was wirklich du bist – und was nicht.	16
6.	Erweitere deinen Blickwinkel.	18
7.	Alles geschieht aus einem Grund, du musst nur entscheiden, welcher das sein soll.	20
8.	Dich selbst belügen. Lass es!	21
9.	Wenn ich nur dies und jenes hätte…dann wäre mein Leben richtig gut. Eigentlich ist es das schon.	23
10.	Manche Dinge sind einfach nicht	25

notwendig. <u>Du</u> entscheidest.

11.	Jeder auf diesem Planeten ist aus einem bestimmten Grund hier. Finde deinen.	26
12.	Wie man von hier nach da kommt.	28
13.	Ehre dich selbst und deine Bestimmung.	30
14.	Mit denen umgehen, die nicht verstehen und die mit dir nicht umgehen können, so wie du bist.	32
15.	So wie du dich änderst, werden sich diejenigen um dich ändern.	33
16.	Wie isst man einen Elefanten? Einen Biss nach dem anderen.	34
17.	Mit dem Strom schwimmen.	35
18.	Wenn der Strom gegen dich schwimmt – oder es zumindest so scheint.	36
19.	Das Leben ist da, um jetzt gelebt zu werden. Genieße es!	37
20.	Aber was ist mit der Zukunft?	38
21.	Deine Kreativität zum Ausdruck bringen.	39

22.	Nichts ist von Bedeutung. Und alles ist.	40
23.	Die Wahrheit in Bezug auf wen?	42
24.	Mit Autorität umgehen.	44
25.	Haben wir schon Spaß? Zu wissen, wie du dich fühlst.	46
26.	Zeitversetzte Reaktionen.	47
27.	Es für dich selbst tun.	48
28.	Du <u>bist</u> gut genug.	49
29.	Was andere zu dir sagen hat meistens mit ihnen selbst zu tun.	50
30.	Jeder ist von Wert, besonders du!	52
31.	Schmerz. Was man damit machen soll und was nicht.	53
32.	Untergehen.	55
33.	Verantwortung für dich selbst übernehmen.	57
34.	Für was du nicht verantwortlich bist.	69
35.	Die Welt retten?	60
36.	Nicht jeder wird es verstehen.	62

37.	Tiefes Atmen.	63
38.	Das Gleichgewicht finden.	65
39.	Liebe für dich selbst zum Ausdruck bringen.	67
40.	Für andere da sein.	69
41.	In die Ausdehnung gehen.	70
42.	Leben mit Fühlen.	71
43.	Echt sein.	72
44.	Nach Hause kommen.	73

1

Du bist mehr als du zu sein scheinst.

Ich bin hier und kommuniziere mit dir durch eine andere Person. Ich bin nicht tot. Es scheint nur so. Und du bist nicht nur ein endlicher Mensch. Es scheint nur so.

Welchen Beweis gibt es dafür? Wenn du einmal anfängst zu schauen, wirst du die Beweise überall um dich herum finden, und es wird der Beweis sein, den du brauchst. Benutze deine eigenen Gefühle und Erfahrungen, mache nichts von anderen abhängig, denn du musst deine eigene Wahrheit finden. Lediglich deine eigene Wahrheit bringt dich weiter und ist eine solide Basis für deine Entscheidungen im Leben.

2

Nur du kannst entscheiden, was das Beste für dich ist (und das gleiche gilt für alle anderen).

Du glaubst daran, dass andere wissen, was gut für dich ist. Dies wurde dir gelehrt, seitdem du alt genug bist um Informationen aufzunehmen. Aber frage dich mal, wie oft lagen „die Anderen" falsch? Wie oft hast du erlaubt, von dem fortgelenkt zu werden, was du wolltest, und wurdest in eine „sicherere" oder „sinnvollere" Richtung geleitet, während deine Füße wie angewurzelt waren und alles in dir aufschrie, deine Wünsche zu erfüllen?

Manchmal können andere dir gute Ratschläge erteilen und du bist erleichtert, diesen folgen zu können. Es fühlt sich gut an. In diesen Fällen entscheidest du dich den Ratschlägen zu folgen, weil du weißt, dass es das Beste für dich ist.

Es ist nichts Falsches daran, Ratschläge anzunehmen, aber du musst wissen, ob es auch der richtige Ratschlag für dich ist.

3

Es gibt nichts, was du nicht tun kannst, wenn du es wählst.

Ich bin hier um dir zu sagen, wie wichtig es ist klar zu wählen, was du willst. Beschränke deine Wahl nicht durch die Optionen, welche dir "gestattet" sind. Das ist keine Wahl, sondern nur eine Reaktion auf die Umstände. Da gibt es einen großen Unterschied.

Wähle für dich selbst. Wisse, dass du verdienst, was du haben willst.

Wenn du einmal eine klare Vorstellung davon hast, was du willst, wirst du auch einen Weg finden, dies in dein Leben einzubringen. Es wird nicht von anderen abhängig sein.

Bewahre dir eine offene Haltung, wie und wann das Ergebnis erscheint. Alles was passiert, nachdem du deine Wahl getroffen hast, wird dich an das Resultat deiner Wahl heranführen.

Wenn dir nicht gefällt, was du gewählt hast, wähle erneut!

4

Einige Dinge, die Verwirrung stiften.

Lass uns anschauen, was dich dazu bringt von dem abzukommen, was du willst.

Das erste ist Selbstzweifel. Du hast soviel über Moral, Werte und das, was andere Menschen als richtig oder normal ansehen, gelernt. Du hast gelernt, dass es "nicht genug" von fast allem gibt und dass du niemals nach "zuviel" fragen solltest. Du hast gelernt, "verantwortlich" zu sein und deine Zukunft zu planen.

Was, wenn es genug für alle auf diesem Planeten gibt? Was, wenn so viele dieser

Ängste über die Zukunft nur auf dem Glauben anderer Menschen aufbaut? Was, wenn du dir erlauben würdest, alles zu haben, was du willst und du herausfinden würdest, dass dies die Welt eigentlich verbessert?

Vertraue deinem inneren Drang. Beachte deine Wünsche. Erkenne den Ursprung deiner Selbstzweifel und lerne, dir selbst zu vertrauen.

5

Zu wissen, was wirklich du bist – und was nicht.

Du hast Gedanken, Gefühle und Ideen und viele von denen stehen in Konflikt zueinander. Wie kann das sein? Wenn dies doch wirklich deine Gedanken, Gefühle und Ideen sind, warum arbeiten sie dann nicht miteinander? Es gibt einen Schlüssel, der den Konflikt auflösen kann, und der liegt darin, dich selbst vollkommen zu kennen und zu akzeptieren.

Erwische dich selbst dabei, wie du denkst "Ich sollte dies oder jenes fühlen oder denken". Frage dich selbst "Warum?". Wenn die Antwort lautet, dass dieser Gedanke oder dieses Gefühl eine Regel bricht, die du übernommen hast, dann schaue dir diese Regel gut an. Gilt diese für deine Situation? Verbessert sie dein Leben und das Leben der Personen um dich herum? Ergibt es Sinn? Trau dich, Regeln in Frage zu stellen. Begebe dich auf die andere Seite der Regeln und sieh dir an, was dahinter verborgen ist.

Einige Regeln sind sehr hilfreich und wesentlich. "Stehle nicht", "Fahre auf der richtigen Straßenseite", "Halte bei Rot an der Ampel". Es sind die am wenigst ersichtlichen Regeln, welche die Fähigkeit untergraben, dich selbst kennen zu lernen. Sie sind wie unbewusste Türen welche Schilder tragen, offensichtlich angebracht von einer Autorität, welche sagt "Kein Eingang – Gefahr". Öffne diese Türen in Gedanken. Sieh dir an, was dahinter ist. Dann entscheide für dich selbst.

6

Erweitere deinen Blickwinkel.

Du bist nicht nur ein 4-dimensionaler Mensch, der von seiner Geburt bis zu seinem Tode lebt und darauf beschränkt ist. Du bist in vielen Dimensionen zur gleichen Zeit. Du hast schon existiert, bevor du geboren wurdest und du wirst noch existieren, nachdem du "gestorben" bist.

Aus diesem Grund ist nichts, wie es aus einer rein menschlichen Perspektive betrachtet, zu sein scheint.

Stelle dir vor, du lebst für die Freude an der Erfahrung und weißt, dass "Überleben" nicht wirklich ein Problem ist.

Stelle dir vor, du erlaubst einem Teil von dir Beobachter zu spielen, der deine anderen Teile in Liebe oder Hass, Angst oder Erfolg beobachtet.

Stelle dir vor, du bist auf der Erde, weil du wählst, hier zu sein.

Dann wähle, wie dein Leben aussehen soll.

7

Alles geschieht aus einem Grund, du musst nur entscheiden, welcher das sein soll.

Es gibt keine zufälligen Geschehnisse! Alles was geschieht hat einen Grund. Du kannst wählen, dies "zu verstehen" – oder nicht. Du kannst wählen, dich an alten Wegen wie der Opferrolle anzulehnen, an Angst und Beschuldigung. Du kannst wählen, auf der anderen Seite stärker und besser heraus zu kommen.

Es liegt an dir, aber triff eine Wahl, denn dadurch wirst du deine Macht zurückerlangen.

8

Dich selbst belügen. Lass es!

Du kannst dich selbst besser belügen als jeden anderen. Aber warum tust du das? Es hat damit zu tun, was du glaubst sein zu müssen, wenn du tief in dir drinnen eigentlich etwas anderes möchtest. Es ist die Verleugnung deines wahren Selbst.

Du wirst wissen, dass du dich selber belügst, wenn deine Entscheidungen und Taten auf deinem Verstand basieren anstelle deiner Gefühle, wenn du dir selber Dinge erklären musst und dich selbst überreden musst.

Wenn du wirklich du selbst bist, wirst du sehr klar wissen, was du tun willst, und es wird sich richtig für dich anfühlen.

9

Wenn ich nur dies und jenes hätte…dann wäre mein Leben richtig gut. Eigentlich ist es das schon.

Du trägst die Verantwortung für dein Leben.

Wenn du entscheidest, dass du etwas brauchst um dich glücklich zu machen, gibst du die Kontrolle über dein Leben an jemanden oder etwas außerhalb deiner selbst ab. Solange du erwartest, dass eine außen stehende Kraft dich vollständig macht, wählst du nicht dein vollständiges Selbst.

Nimm deine Gedanken weg, von dem was fehlt. Konzentriere dich auf das, was du schon hast. Und dann wähle die Dinge, welche zu deinem Leben beitragen sollen. Sie werden kommen.

10

Manche Dinge sind einfach nicht notwendig. <u>Du</u> entscheidest.

Du weißt, was von dir verlangt wird und manchmal scheint es zuviel. Manche dieser Erwartungen machen Sinn, aber andere nicht. Schau dir genau die Erwartungen an, welche du absorbiert hast. Woher kommen diese? Unterstützen sie dich darin, mehr von deinem wahren Selbst zu werden?

Du trägst die Verantwortung für dein Leben. Es liegt an dir zu entscheiden, welchen Erwartungen du nachkommst und welchen nicht. Dies ist <u>dein</u> Leben. Gib es nicht ab.

11

Jeder auf diesem Planeten ist aus einem bestimmten Grund hier. Finde deinen.

Das Leben macht mehr Sinn, wenn du weißt, warum du hier bist.

Die Lebensbestimmung ist personengebunden, aber du bringst deine Bestimmung zum Ausdruck, durch die Handlungen die du in dieser Welt tätigst, und dies wird deine Mitbestimmung.

Dein Lebensziel kann von deinen Wünschen abgeleitet werden. Wovon träumst du? Was würdest du für dich selbst und andere tun, wenn du könntest? Was liebst du?

Eine Lebensbestimmung ist kein Auftrag. Es ist viel eher ein persönliches Ziel. Es kann so einfach sein, wie zu lernen, dich selbst zu lieben, oder es kann etwas viel Komplexeres sein. Verurteile dein Lebensziel nicht. Die Zeit wird zeigen, wie du die Welt beeinflusst, dadurch, dass du einfach nur dein wahres Selbst bist.

12

Wie man von hier nach da kommt.

Du kannst erkennen, wer du sein willst, die Distanz von hier nach dort zu kommen kann jedoch unglaublich lang erscheinen. Sei geduldig mit dir selbst. Bewahre deine Wahl stets im Gedächtnis. Triff kleine Entscheidungen als auch große und hake sie ab, sobald sie in deinem Leben erscheinen. Bald wirst du erste Erfolge sehen und das wird dir zu erkennen helfen, dass du derjenige bist, der die Richtung in deinem Leben bestimmt.

Erinnere dich, wenn du deine Wahl, oder die Richtung in die dich diese Wahl führt, nicht magst, dann wähle einfach erneut, aber höre nicht auf zu wählen.

13

Ehre dich selbst und deine Bestimmung.

Du bist die wichtigste Person in Deinem Leben. Zweifle niemals daran. Es wird Zeiten geben, in denen du dich um andere kümmern möchtest, aber vor allen Dingen bist du hier, um dein Leben zu leben, und nicht das eines anderen.

Du bist hier um die Lücken deiner Erfahrungen zu füllen. Deine Wünsche sind die Wegweiser für deinen Weg. Diese werden sich mit deinem Voranschreiten ändern, da du deinen Weg erschaffst, während du ihn lebst.

Je mehr du deinen Wünschen folgst, umso klarer werden sie erscheinen.

Wähle dich selbst und deine Bestimmung zu ehren.

14

Mit denen umgehen, die nicht verstehen, und die mit dir nicht umgehen können, so wie du bist.

Du bist derjenige, der sich ändert, und du tust das, weil du es so gewählt hast. Tu es still. Sprich mit Menschen, die es auch tun. Predige nicht.

Die Leute werden Schritt für Schritt bemerken, dass du dich änderst. Manche werden dies mögen, andere nicht. Das ist ihr Problem.

Das Wichtigste ist, dass du dir selbst treu wirst.

15

So wie du dich änderst, werden sich diejenigen um dich ändern.

Deine Beziehungen zu anderen werden sich ändern. Das hat damit zu tun, wie du bist und was du erlaubst und herbeiziehst. Es hat auch mit dem stillen Einfluss zu tun, den jeder, der sich ändert, auf andere hat. Nicht jeder wird wählen, auf diesen Einfluss zu reagieren, dennoch wirst du das Potenzial auf jeden Menschen, der dir begegnet, ohne Ausnahme ausstrahlen, alleine dadurch, dass du du selbst bist.

16

Wie isst man einen Elefanten? Einen Biss nach dem anderen.

Du hast eine große Herausforderung angenommen – wahr dir selbst gegenüber zu werden. Du tust etwas, was viele Menschen noch nicht tun. Das bedeutet, dass du einen neuen Weg erschaffst. Manchmal wirst du dich verloren und entmutigt fühlen. Es könnte sich so anfühlen, als ob du rückwärts läufst. Du wirst auch anfangen, an dir selbst zu zweifeln. Das ist in Ordnung. Du wirst an Vertrauen gewinnen, während du dich weiterbewegst.

17

Mit dem Strom schwimmen.

Es gibt Zeiten, in denen du in jedem Moment weißt, was du tust und alles fügt sich auf einfachste Art und Weise zusammen. Das ist ein Beispiel dafür, wie man mit dem Strom schwimmt. Die Antworten kommen, wenn sie gebraucht werden. Die Dinge erscheinen, wenn sie gebraucht werden, manchmal im letzten Moment.

Das wirst du immer öfter erfahren, während du übst, eine Wahl zu treffen und dir selbst gegenüber treu zu sein.

18

Wenn der Strom gegen dich schwimmt – oder es zumindest so scheint.

Es wird Zeiten geben, in denen du eine bestimmte Sache machen willst, aber es erscheint so, als ob ein Hindernis nach dem anderen sich in deinen Weg stellt. Es kann verlockend sein, sich da einfach durchzuboxen, aber üblicherweise wirst du herausfinden, dass du dadurch nicht dein beabsichtigtes Ziel erreichst. Erfolg hat oftmals mit Timing zu tun. Sei bereit geduldig zu sein. Eine andere, bessere Möglichkeit wird zu dir kommen.

Falls du dich durchgeboxt hast, füge das Ergebnis deinem Speicher der Erkenntnis bei. Das ist in Ordnung.

19

Das Leben ist da, um jetzt gelebt zu werden. Genieße es!

Du bist manchmal voller Enthusiasmus deinem Ziel, welches dir viel bedeutet, entgegen zu arbeiten. Das ist gut. Hör jetzt nicht auf! Aber erinnere dich daran, dass du heute die guten Dinge des Lebens verdienst. Nimm dir Zeit, etwas zu genießen, sogar etwas so einfaches wie den Wind in deinen Haaren zu spüren. Erlebe es vollständig, während es passiert. Tu etwas, was sich gut für deinen Körper wie auch für deinen Geist anfühlt.

20

Aber was ist mit der Zukunft?

Die Zukunft ist wichtig, ja, aber sie ist nicht so wichtig wie das Jetzt. Bewahre ein Gleichgewicht. Genieße jeden Tag. Nimm dir Zeit zu fühlen, zu spielen. Dies wird die Verbindung zu dir selbst wahren, so dass die Bemühungen, welche du für deine Zukunft machst, im Einklang mit deinem wahren Selbst bleiben.

21

Deine Kreativität zum Ausdruck bringen.

Wenn du deine Kreativität zum Ausdruck bringst, bringst du einen Teil deines Selbst zum Ausdruck, und das hilft dir tiefer mit deinem wahren Selbst verbunden zu sein.

Kreativität kann auf vielerlei Arten zum Ausdruck gebracht werden. Du kannst kreativ sein im Sinne wie du Probleme löst oder mit Menschen umgehst. Diese Ausdrucksformen sind genauso wichtig wie zu malen, schreiben oder jede andere künstlerische Aktivität.

Kreativität hat damit zu tun, wie du dich selbst, in alles was du tust, einbringst.

22

Nichts ist von Bedeutung. Und alles ist.

Nichts ist von Bedeutung. Dies ist ein sehr wichtiger Punkt. Nichts ist von Bedeutung, weil du in einem konstanten Zyklus des Erschaffens lebst, in dem Dinge kommen und gehen und Sicherheit nicht real ist. Lerne, frei davon zu sein, dass Dinge einen bestimmten Weg haben zu müssen. Deine Sicherheit befindet sich in dir. Es liegt in deinen Händen, Entscheidungen zu treffen und das zu erschaffen, was du in deinem Leben willst.

Auf der anderen Seite ist alles von Bedeutung, denn alles ist Teil deiner Erfahrung. Alles ist da, um gefühlt und genossen zu werden. Es lohnt sich, sich die Zeit zu nehmen, um mit allen Sinnen zu erspüren, was dich umgibt. Dies wird dir dabei helfen, ausgeglichener und vollständiger in deiner Realität zu sein.

23

Die Wahrheit in Bezug auf wen?

Die Wahrheit ist eine sich bewegende Zielscheibe. Es ist einmal "wahr" gewesen, dass die Erde flach ist, und dass sich die Sonne um die Erde dreht. Dies ist die beste Wahrheit gewesen, die zur damaligen Zeit erhältlich war. Heute wissen wir es besser. Es gibt immer noch größere Wahrheiten, die es gilt herauszufinden.

Folge deinen eigenen Gefühlen, um herauszufinden, was für dich wahr ist. Es gibt eine Menge Wahrheiten, die einfach als selbstverständlich angenommen werden. Schau dir diese aufmerksam an, um zu erkennen, ob sie für dich wahr sind. Falls nicht, finde deine eigene.

24

Mit Autorität umgehen.

Du übernimmst die Verantwortung für dein eigenes Leben und deine Kreationen, aber trotzdem wirst du weiterhin Leute mit unterschiedlichem Grad an Macht um dich haben, welche dir sagen, was du zu tun hast. Wie fügt sich das, was du gesagt bekommst, mit deinem wahren Selbst ein?

Teilweise stimmst du damit überein, Teil eines Systems (Familie, Schule, Arbeit, Nation) zu sein, welches sich auf akzeptable Rahmenbedingungen stützt. Es ist nicht wirklich ein Problem. Erinnere dich, nichts ist von Bedeutung!

Trotzdem wird es Zeiten geben, in denen du das, was dir gesagt wird in Bezug auf das, was du zu tun hast, nicht richtig für dich erscheint. Dann geht es gegen das, was du bist. Was tust du dann?

Was du daraus machst ist dir überlassen. Du kannst dich mit der Staatsgewalt abfinden, eine kreative Lösung finden, wie du mit der Situation umgehst, ohne dich selbst in Kompromisse zu zerlegen, oder du kannst voll und ganz den Rebell spielen. Du wirst wissen, wie du dich in der jeweiligen Situation zu verhalten hast, aber was auch immer du tust, trage die Verantwortung für dich selbst. Bleibe dir darüber bewusst, was und warum du es tust. Vertraue dir selbst.

25

Haben wir schon Spaß? Zu wissen, wie du dich fühlst.

Du bist die wichtigste Person in deinem Leben. Tue etwas, was sich gut für dich anfühlt. Tue etwas, was dir ein Lächeln auf dein Gesicht bringt. Tue etwas, was ein gutes Gefühl hinterlässt nachdem es getan ist. Wenn es sich nicht gut anfühlt, verschwendest du deine Zeit.

Wessen Leben ist es denn?

26

Zeitversetzte Reaktionen.

Manchmal wirst du durch ein Geschehnis gehen, welches sich im Moment in Ordnung anfühlt, jedoch später, wenn du dich daran erinnerst, wirst du feststellen, dass es nicht gut für dich war. Das ist in Ordnung. Du hast nur noch mehr über dich selbst gelernt.

27

Es für dich selbst tun.

Du bist für dein Leben verantwortlich. Du bist auch dazu berechtigt, dich selbst zu pflegen und es dir gut gehen zu lassen. Es ist sehr gesund, gut zu dir selbst zu sein. Gut zu dir zu sein, heißt, dass du auf deinen Körper, deinen Geist und deine Seele in Ausgeglichenheit achtest und dich daran erinnerst, dass alle Aspekte deiner selbst Fürsorge brauchen, wenn du das Beste aus dir selbst machen willst.

Fürsorge bedeutet <u>nicht</u> starre Disziplin. Fürsorge meint, eine sanfte, aber fokussierte Aufmerksamkeit auf deine Bedürfnisse zu richten, wenn du diese in dir aufsteigen fühlst.

28

Du <u>bist</u> gut genug.

Du bist nicht hier, um irgendetwas außerhalb deiner selbst gerecht zu werden. Du bist hier, um dein Leben zu leben und deine Erfahrungen zu sammeln.

Je mehr du in Verbindung mit deinem wahren Selbst trittst, desto mehr wirst du auf natürliche Weise wählen, deine Stärken auf einem bestimmten Gebiet auszuprägen. Mit der Zeit wird dich das auf deine eigene Straße des Erfolges leiten.

Vertraue dir selbst und wisse, dass du in der Tat schon gut genug bist.

29

Was andere zu dir sagen hat meistens mit ihnen selbst zu tun.

Denk mal darüber nach...wenn jemand mit dir spricht, von welchem Standpunkt aus spricht er mit dir? Normalerweise von seinem eigenen aus, welcher von seinen Erfahrungen und Entscheidungen geformt wird.

Erlaube nicht, dein Vertrauen und Glauben in dich selbst von jemand anderem untergraben zu lassen, der in der Opferrolle und in Angst lebt.

Das heißt nicht, vernünftige Ratschläge mit brauchbarem Inhalt einfach zu ignorieren. Das wäre unklug. Verstehe lieber, warum Leute dir diese Dinge erzählen und entscheide für dich selbst, ob du ihr Urteil annehmen kannst oder nicht.

30

Jeder ist von Wert, besonders du!

Jedes Leben auf diesem Planeten ist von großem Wert. Jeder erfährt und sammelt Weisheit. Kein Leben ist weniger oder mehr wertvoll.

Es kann sich so anfühlen, als ob du weniger wichtig wärst als andere, oder dass deine Bedürfnisse weniger wichtig wären. Das stimmt nicht.

Du hast genauso viel Recht, auf alles was dieser Planet zu bieten hat, wie jeder andere auch.

31

Schmerz. Was man damit machen soll und was nicht.

Du bist menschlich und Schmerz ist ein Teil deines Lebens.

Das Beste, was du mit Schmerz machen kannst, ist ihn zu umarmen. Das kann etwas beängstigend erscheinen, aber es klappt.

Den Schmerz zu verleugnen kann eine Art Taubheit verursachen, welche dich auch gegenüber Freude und Wohlbefinden abstumpfen lässt. Es lohnt sich nicht, ganz besonders nicht, wenn es sich um emotionalen Schmerz handelt. Es kann sich so anfühlen, als ob du sterben oder durchdrehen würdest, sobald du deinen Gefühlen in einer bestimmten Situation freien Lauf lässt. Aber das wirst du nicht. Du wirst sehen, dass du dich durch den Schmerz hindurch bewegen kannst, und am anderen Ende herauskommen kannst, um ihn dann hinter dir zu lassen. Wenn du wählst, den Schmerz zu verleugnen, wird er immer da bleiben. Darauf wartend, dass du dich mit ihm befasst, und es wird eine Menge Energie kosten, ihn von dir zu weisen.

32

Untergehen.

Es wird Zeiten geben, in denen du das Gefühl hast, dass alles zuviel ist, oder dass du nicht genug bist. Das Leben wird sinnlos erscheinen.

In diesen Zeiten erinnere dich daran, dass du wegen deiner selbst hier bist. Dies ist <u>dein</u> Leben. Die meisten Gefühle des Versagens entstehen dadurch, dass du versuchst, etwas außerhalb deiner selbst zu erfüllen oder einem Ideal zu entsprechen, an dem du festhältst.

Ideale sind gut, aber vielleicht gibst du dir selbst nicht genügend Zeit, um dich in diesen Gebieten ausreichend zu entwickeln, bevor du es dann auch vollständig leben kannst.

Gönne dir eine Pause von der Arbeit an dir selbst. Spiele oder verbringe Zeit in der Natur. Nimm eine Pause von den Leuten, die zuviel Druck auf dich ausüben. Sei mit dir selbst und erinnere dich daran, dass du schon gut genug bist. Erinnere dich daran, wer du bist und was du liebst. Dann wähle für dich selber zu leben.

33

Verantwortung für dich selbst übernehmen.

Du bist derjenige, der die Macht besitzt für dein Leben zu wählen. Vielleicht wählst du, andere für dich entscheiden und wählen zu lassen. Vielleicht wählst du, das Opfer zu spielen und dich darüber zu beschweren und darunter zu leiden, was "sie" dir antun. Du könntest auch wählen, die Verantwortung für dein Leben zu akzeptieren.

Die Verantwortung zu akzeptieren heißt, dass du irgendwie weißt, dass du alles in deinem Leben erschaffen hast. Dies ist keine Bestrafung oder Karma. Dies ist das, was du um dich herum erschaffen hast, um dir die

Möglichkeit zum Wachsen zu geben.

Es ist deine Wahl, wie du reagierst. Einige Dinge könnten viele Jahre brauchen, bis du sie verstanden und akzeptiert hast. Arbeite mit dem, was du kannst und bald wirst du sehen, wie du stärker und weniger ängstlich wirst. Alles wird letztendlich einen Sinn ergeben.

34

Für was du nicht verantwortlich bist.

Du bist für dich selber verantwortlich. Du bist <u>nicht</u> dafür verantwortlich, wie sich andere fühlen. Du kannst eine Menge deiner Lebensenergie verschwenden, indem du Leute aufbaust welche sofort wieder abzustürzen scheinen, sobald du sie loslässt. Vielleicht ist alles, was sie eigentlich wollen nur deine Aufmerksamkeit. Lass sie ihr Spiel spielen. Das Gleiche gilt für Menschen, die immer unzufrieden und kritisch sind. Spiele nicht ihr Spiel mit.

35

Die Welt retten?

Die Welt will nicht gerettet werden! Die Welt ist in Ordnung. Alle Menschen machen die Erfahrungen, welche sie gewählt haben.

Du kannst wählen Gutes zu tun, Geld zu spenden und denen zu helfen, welche danach fragen. Es wird Zeiten geben, in denen du das wirklich tun möchtest.

Dein hauptsächlicher Beitrag, um die Welt in einen besseren Ort zu verwandeln, besteht aus der Arbeit, die du in dich selbst investierst.

Bald wirst du ein neues Beispiel für einen wahrhaftig ermächtigten Menschen sein. Oder vielleicht bist du das ja schon. Andere werden das bemerken und von dir lernen.

Stelle dir vor, wie sich die Welt ändert, während du dich änderst. Stelle dir vor, wie eine Person nach der anderen den "Opfer-Hebel" umlegt. Stelle dir vor, wie Leute für sich selbst leben und sich selbst zum Ausdruck bringen. Stelle dir vor, wie negative Verhaltensweisen verschwinden, während die Leute Angst, Mangel und Habgier hinter sich lassen.

Du bist hier, um die Welt in einen besseren Ort zu verwandeln. Es fängt mit dir an.

36

Nicht jeder wird es verstehen.

Du übernimmst die Verantwortung für dein Leben, und mit der Zeit wird das einen großen Unterschied für dich machen. Du wirst das den Leuten um dich herum erklären wollen, um ihnen zu helfen. Sprich es aus, wenn du das Gefühl hast, dass es eine gute Idee ist, aber erzwinge nichts. Nicht jeder ist bereit, darüber zu hören. Respektiere, wo sie in ihrem Leben stehen. Sie haben ihre Gründe.

Du wirst mehr Einfluss auf diese Leute haben, als du glaubst, einfach nur dadurch, dass du bist, wer du bist.

37

Tiefes Atmen.

Nimm dir Zeit, um zu beobachten wie du atmest. Sind deine Atemzüge schnell und oberflächlich? Wenn du so atmest, dann erschafft das einen Teufelskreis. Du bist ängstlich, gestresst oder gereizt. Dein Atem reflektiert das. Dies sendet auch eine Nachricht an dein gesamtes Wesen aus, welche lautet, dass dein Leben nicht sicher ist, und demnach tauchst du auch nicht vollständig in das Leben ein.

Beobachte dein Atmen jeden Tag. Mach es dir zum Prinzip, tief aber sanft in deinen Bauch einzuatmen, wann immer du daran denkst. Wenn das schwierig ist, mache ein paar sportliche Übungen oder nimm eine kalte Dusche. Unter einer kalten Dusche kannst du nicht flach atmen!

Schiebe Deinen Verstand für eine Weile in den Hintergrund. Er wird immer noch da sein, bereit zu übernehmen, aber er wird dich nicht einwickeln. Gehe stattdessen in deine Gefühle. Sei dir deinem Körper, und anderen Dingen um dich herum, bewusst. Atme, bis du dich besser fühlst.

Tiefes (und sanftes) Atmen wird dir helfen, im Gleichgewicht zu bleiben und mehr Energie zu haben. Es wird dir ebenfalls helfen, dich tiefer mit deinem Selbst zu verbinden.

38

Das Gleichgewicht finden.

Du wirst dich vielleicht durchboxen wollen und es erscheint verführerisch, so perfekt wie möglich zu werden.

Erinnere dich, dass du menschlich bist, und dass es eine Menge freudvolle Dinge auf diesem Planeten gibt.

Wenn du dein Leben nicht genießt, dann versuchst du es zu krampfhaft. Etwas zu erzwingen bedeutet Ungleichgewicht.
Entspanne dich. Atme. Habe etwas Spaß.
Erlaube dir, die Veränderungen durch die du gehst, zu absorbieren und zu integrieren. Diese Veränderungen betreffen dein gesamtes Wesen und nicht nur deinen Verstand.

Dein wahres Selbst zu werden ist ein Prozess. Genieße ihn.

39

Liebe für dich selbst zum Ausdruck bringen.

Du bist die wichtigste Person in deinem Leben. Liebe dich selbst! Du brauchst es und du verdienst es. Wenn du dich selbst liebst, wird sich deine Welt verändern.

Wie liebst du dich selbst? Du fängst mit deinem Körper an. Erschaffe, dass du dich wohl fühlst. Gib deinem Körper die Bewegung, den Schlaf und die Nahrung, die er braucht. Achte auf deinen Körper. Er wird dich wissen lassen, was er braucht.

Als nächstes achtest du auf deine emotionalen Bedürfnisse. Wenn du Freunde brauchst oder geliebt werden möchtest, dann wähle dies. Du bist stark. Du kannst eine Menge auf eigene Faust tun. Du verdienst auch die guten Dinge im Leben, denn sie werden dich nicht aufhalten. Sie werden dein Leben bereichern. Wähle einen dir angenehmen Grad der Mitwirkung und dann starte von da aus.

Sich den spirituellen Bedürfnissen zu widmen ist am einfachsten, denn auf diesem Gebiet gibt es oft dieses vorantreibende Gefühl einer Berufung. Sich dann auf die physischen Bedürfnisse zu konzentrieren kann sich so anfühlen, als ob das eher den Prozess verlangsamen würde. Jedoch die physischen Bedürfnisse auf liebende Art und Weise zu beachten, trägt dazu bei, dass du eine ausgeglichene und geerdete Person bist, die mehr Mitgefühl und die Fähigkeit zu geben hat.

Dich selbst zu lieben ist nicht selbstsüchtig!

40

Für andere da sein.

Du möchtest für andere da sein. Du möchtest sie unterstützen, wenn sie es brauchen. Du kannst dies am besten tun, indem du ganz du selbst bist. Gib die Hilfestellung von der du fühlst, dass du sie geben willst, so viel oder so wenig, wie <u>du</u> es wählst. Achte währenddessen auf deine Gefühle. Lass sie dich leiten.

Dein größter Beitrag ist deine Fähigkeit, dein wahres Selbst zu sein. Dies wird helfen, Gleichgewicht und Klarheit in jede Situation mit einzubringen.

41

In die Ausdehnung gehen.

Während du mehr und mehr dein wahres Selbst wirst, wirst du eine Ausdehnung in dir selbst wahrnehmen. Du wirst mit mehr Schichten der Realität verbunden sein, als du dir derzeit bewusst bist. Das könnte dich dahin führen, dich selbst zu hinterfragen, dies ist ein natürlicher Teil des Prozesses. Du wirst herausfinden, dass du Leute und Situationen klarer verstehst und dass du neue Lösungen zu alten Problemen finden wirst. Du wirst Zugang zu deinem eigenen kreativen Wissen erlangen und du wirst dich immer weniger in deinem Verstand abstrampeln müssen.

42

Leben mit Fühlen.

Während du voranschreitest wirst du feststellen, dass deine Gefühle mehr und mehr zu einem Leitsystem für dich werden. Zu fühlen ist wie ein Radar. Du kommst in eine Situation und du weißt, was los ist. Emotionen sind eine Reaktion.

Mit Gefühlen zu leben fordert dich heraus, weniger Zeit in deinem Verstand zu verbringen und mehr Zeit im vollständigen Bewusstsein deiner Sinne. Aus diesem Grund praktiziere das Atmen, praktiziere deinen Verstand in den Hintergrund zu setzen und praktiziere, dir deinem Körper bewusst zu werden.

43

Echt sein.

Echt sein erfordert ein Gleichgewicht zwischen Körper, Verstand, Emotionen und Geist. Das Leben ist echt. Du hast Dinge wie Freude und Kummer. Wenn du im Gleichgewicht bist, kannst du vollständig mit beidem umgehen.

Echt sein bedeutet, dass du allmählich Verweigerung loslässt. Es bedeutet, dass du vollständig leben wirst, und du wirst Fehler genauso wie großartige Dinge machen.

Echt sein bedeutet, dass du das bestmöglichste, großartigste Leben für dich leben wirst.

44

Nach Hause kommen.

Du wirst letztendlich alles getan haben, für das du hergekommen bist. Und dann ist es Zeit zu gehen.

Erwarte nicht, dass frühzeitiges Gehen dich aus irgendetwas herausholt. Wenn du gehst, nimmst du dich selbst mit. Warte, bis die Zeit die richtige ist.

Ich, Daniel, sage, dass es sehr schön ist nach Hause zu gehen, aber ich plane jetzt schon, wann ich wiederkommen werde.

Ich hoffe, ich werde euch alle bald wieder sehen.